plus
de
fleurs
que
de
mâles

Marine Stouppou

plus de fleurs que de mâles

© 2022, Marine Stouppou

Illustrations : Marine Stouppou

Édition : BoD – Books on Demand, info@bod.fr
Impression : BoD – Books on Demand,
In de Tarpen 42, Norderstedt (Allemagne)
Impression à la demande

ISBN : 978-2-3224-5795-3
Dépôt Légal : Octobre 2022
Tous droits de reproduction, d'adaptation et de traduction, intégrale ou partielle réservés pour tous pays. L'autrice est seule propriétaire des droits et responsable du contenu de ce livre.

Personne n'est plus arrogant envers les femmes, plus agressif ou méprisant, qu'un homme inquiet pour sa virilité.

Le deuxième sexe, Simone de Beauvoir.

*À ma grand-mère, à ma mère, à ma sœur, à ma fille.
À toutes les femmes de ma famille.
À toutes les femmes du monde.*

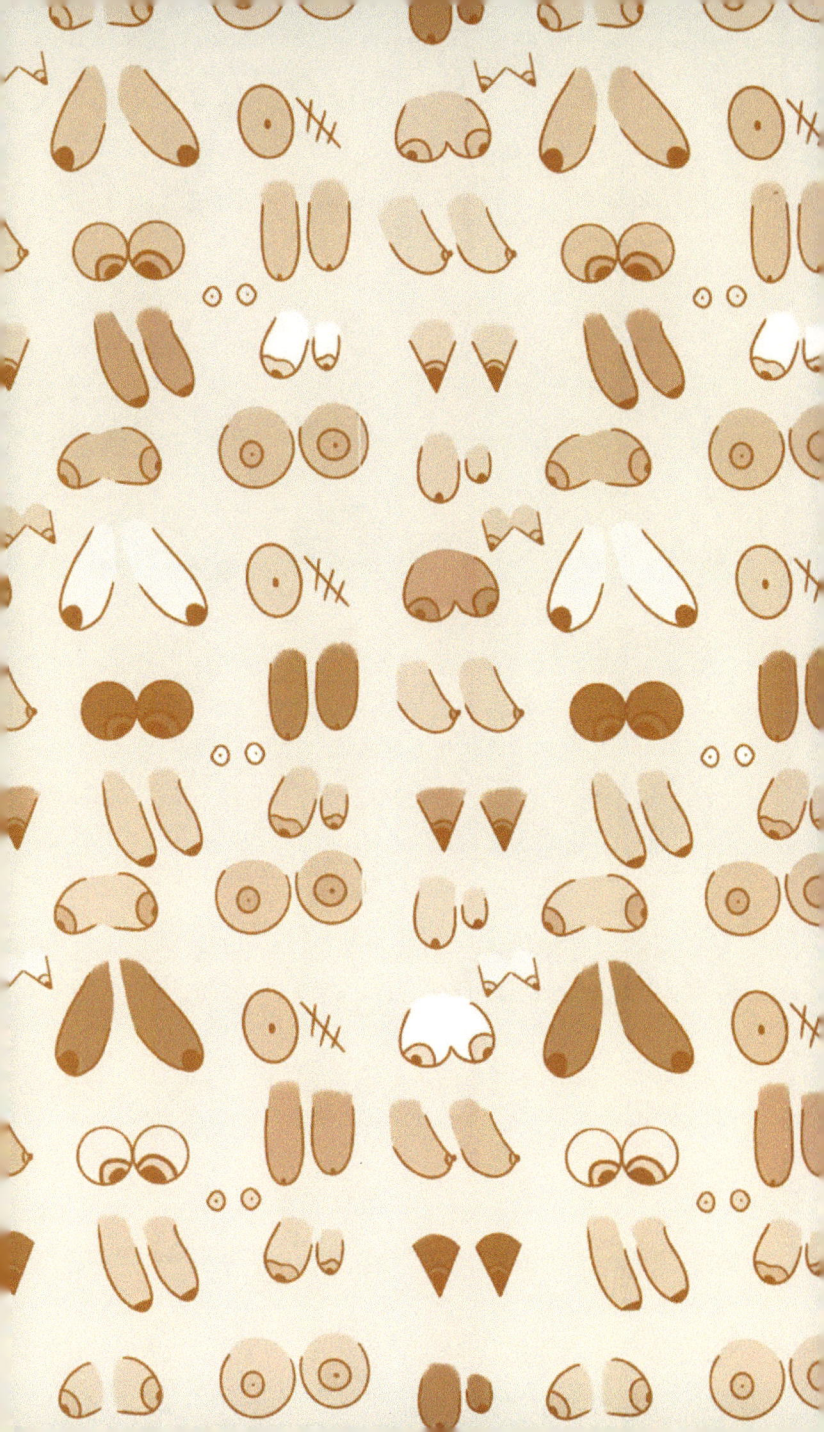

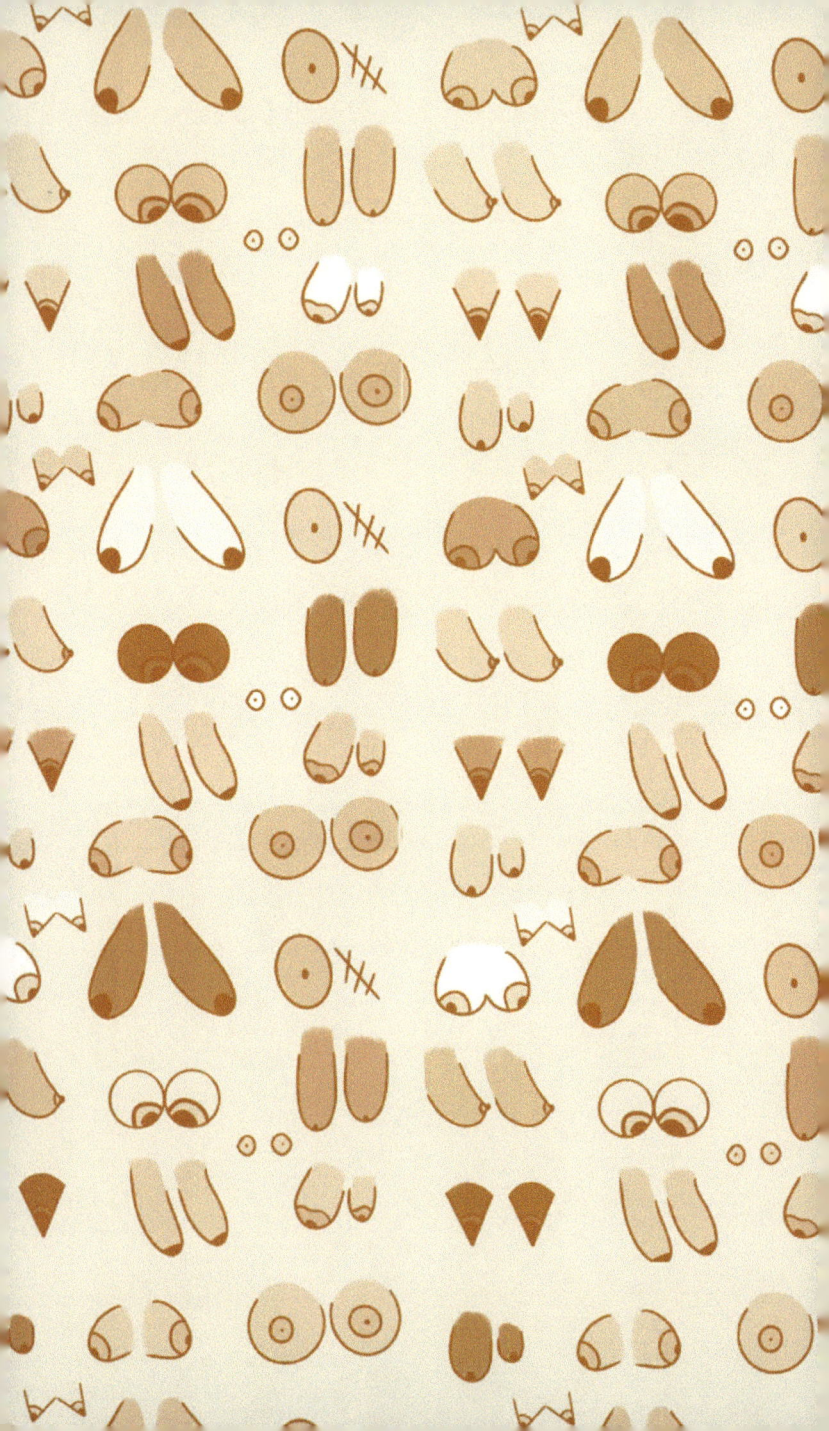

Ta flamme intérieure féministe se révèle à ton âme quand une âme sœur décide d'y allumer le feu.

Puis un jour tu en as marre de subir,
>   marre de te nuire.
>   Alors tu te mets à réfléchir,

à d é c o n s t r u i r e

et tu comprends que depuis tout ce temps, la clé était *en toi*.
La clé *c'est toi*.

Toi, en tant que femme,

femm-iniste

féministe.

et là enfin tu te bats pour *toi* d'abord, pour *elle* ensuite et surtout pour *elles*.

Suis-je devenue *féministe* par choix ou par nécessité ?

Je m'interroge. Je me questionne et entre les deux mon cœur balance.

J'ai choisi de l'être mais je n'ai pas choisi de vivre dans une société où je dois choisir. C'est une nécessité de me battre pour nous toutes.

Je suis devenue *féministe* par ras-le-bol avant tout, puis par envie de mieux et pour m'offrir un avenir plus juste. En tout cas je n'ai jamais été aussi bien reçue que chez mes sœurs. Auprès d'elles, je me sens comprise, acceptée, aimée.

Je sais que je ne serai jamais seule, parce qu'ensemble, nous avons décidé de devenir *féministes* et c'est bien plus qu'un simple mot, c'est bien plus qu'un engagement, c'est un acte de solidarité, de sororité.

C'est en buvant une tasse de café un matin.
Face à la douce lueur et lumière matinale,
que j'ai réalisé qu'un café, bien que serré,
ne peut résoudre tous les problèmes.

Le sort des femmes est peut-être le ressort d'un doux latte ?

Le parfum de notre lutte ressemble étrangement à celui de la victoire.

> J'ai envie d'y croire.

J'ai voulu devenir féministe quand j'ai compris que les vergetures, la peau d'orange, les bourrelets, la taille standard, le poids idéal et les seins parfaits, n'était qu'un mythe inventé.

Une femme ne peut être standardisée par des diktats imposés par la société.

À toutes ces personnes qui jugent encore le corps d'une femme, accordez-moi le droit de vous l'écrire :

Vous me faites bien rire !

Le *bodypostivisme* m'a aidé à m'aimer.

                                Le *féminisme* m'a aidé à m'éduquer.

Pourquoi ?

Pourquoi les problèmes de santé touchant au sexe féminin prennent toujours un temps **monstrueux** à être diagnostiqués. Le sexe d'une femme fait-il aussi peur qu'un **monstre** marin ? Et puis ces noms donnés à ces maladies font monstrueusement mal à la tête : endométriose, syndrome des ovaires polykystiques, adénomyose, carcinome mammaire... Leur seule prononciation est difficile, il ne fallait pas s'attendre à des diagnostics simples et des traitements efficaces.

Il vaut mieux laisser le corps des femmes effacer lui-même la douleur, par habitude, par détresse. Il vaut mieux laisser suggérer que c'est dans la tête des femmes qu'est le problème, qu'il ne peut pas être quelques centimètres plus bas, dans cette grotte qui n'attend qu'une seule chose : être explorée, observée et aimée.

Le sexe des femmes fait peur, il ressemble à un **monstre** marin alors mieux vaut laisser les femmes souffrir, c'est tellement moins **monstrueux**.

Même sans ce sang
      menstruel, mensuel.

                                  Tu peux souffrir
                                      le martyre.

 Avoir les règles pour la première fois, c'est savoir d'avance que les règles du jeu ne seront plus les mêmes pour toi.

Ras la cup de vos manières.

Tu es une tortue.
                    Tu as tort, tu nous tues.
                                      Tu nous tortures.

Tu sais que je dois m'agrafer les paupières pour garder les yeux ouverts face à tant de médiocrité ? Tu nous fais du mâle.

Le courage n'a pas d'âge. Il suffit juste d'être révoltée pour céder la place à son propre orage.

J'ai toujours mes clés entre les doigts, je suis prête à te les rentrer dans la chair le soir quand il fait sombre et que tu marches trop près de moi.

Encore une fois un homme lui brisa le cœur.
À défaut de lui briser les côtes,
elle décida de briser les codes.

Consommer des produits amincissants, avoir des promotions sur les aspirateurs, assortir son rouge à lèvres à son sac à main, s'épiler ou passer chez l'esthéticienne, se teindre la moustache, manger en petite quantité, vérifier les grammes sur la balance, marcher sur des talons hauts, l'inconfort du string, se parfumer l'entrejambe avant l'acte parce que c'est bien connu la chatte ça pue, se faire des colorations pour camoufler les premiers cheveux blancs, porter des gaines amincissantes ou des push-up ou des soutien-gorge avec armatures pour que la poitrine soit bien ronde et ferme, se faire siffler dans la rue, se faire harceler en été parce que porter un short est de toute évidence un appel au sexe, surveiller son verre en boîte, surveiller les verres de ses copines en boîte, avoir mal au bide, penser à racheter des couches ou des tampons parce qu'*elles* arrivent, prendre la pilule chaque soir, se faire les ongles, avoir des abdos mais pas trop, devoir avoir un appétit de moineau devant monsieur, ne pas se resservir, travailler tout en s'occupant du foyer...

Bienvenue dans la peau d'une femme,
bienvenue dans **l'enfer du décor**.

Parfois j'ai l'impression que le féminisme
c'est un peu comme un poème.
Quelque chose d'à la fois
entamé et **inachevé**.

Tu as trouvé le bon ? Alors, le mariage c'est pour quand ? Et ce petit bébé, vous allez le mettre en route ? Quelle jolie petite famille que vous faites tous les trois, mais tu ne crois pas que cet enfant aurait besoin d'avoir un petit frère ou une petite sœur ? Encore un enfant, tu es sûre que ça ne fait pas beaucoup à gérer ?

Trop. **Trop** de questions. **Trop** de pression. **Trop** de trop pour moi seule.

T
R
O
P

Trop. Trop. Trop. Trop. Trop. Trop. Trop. Trop.
Trop. Trop. Trop. Trop. Trop. Trop. Trop. Trop.
Trop. Trop. Trop. Trop. Trop. Trop. Trop. Trop.
Trop. Trop. Trop. Trop. Trop. Trop. Trop. Trop.
Trop. Trop. Trop. Trop. Trop. Trop. Trop. Trop.
Trop. Trop. Trop. Trop. Trop. Trop. Trop. Trop.
Trop. Trop. Trop. Trop. Trop. Trop. Trop. Trop.
Trop. Trop. Trop. Trop. Trop. Trop. Trop. Trop.
Trop. Trop. Trop. Trop. Trop. Trop. Trop. Trop.
Trop. Trop. Trop. Trop. Trop. Trop. Trop. Trop.
Trop. Trop. Trop. Trop. Trop. Trop. Trop. Trop.
Trop. Trop. Trop. Trop. Trop. Trop. Trop. Trop.

Penser à faire une lessive. **Penser** à vider le lave-vaisselle. **Penser** à faire une liste de courses. **Penser** à organiser les prochaines vacances. **Penser** à aller faire les courses. **Penser** à nettoyer les vitres. **Penser** à laver la baignoire. **Penser** à aspirer le sol. **Penser** à brosser les animaux. **Penser** à jeter les poubelles. **Penser** au tri. **Penser** à prendre ce rendez-vous avec ce praticien. **Penser** à appeler un tel et prendre des nouvelles. **Penser** aux cadeaux de Noël pour toute la famille. **Penser** à reprendre le rendez-vous annuel chez le vétérinaire. **Penser** à aller récupérer les enfants à l'école. **Penser** à la réunion avec le boss. **Penser** à réparer la fermeture éclair de la veste du petit. Penser à repasser les tas de fringues propres. **Penser** à arroser les plantes. **Penser** à faire la poussière. **Penser** à s'occuper de tondre la pelouse ce week-end. **Penser** aux devoirs du petit. **Penser** à n'acheter que des aliments sans gluten pour recevoir tantine ce dimanche.

Et moi, pendant que je **pense**, qui est-ce qui **panse** mon épuisement ?

Panse-moi s'il te plaît, je souffre à force de trop **penser**.
Je vais finir par me brûler les ailes. J'ai besoin de toi pour m'envoler. Alors partageons ces **pensées**.

Je ne souhaite plus souffrir, j'en ai assez de devoir porter l'entière responsabilité de la contraception sur mes frêles épaules.

Je ne souhaite plus souffrir de peur à l'idée de tomber enceinte malgré toutes les précautions que j'ai pu prendre.

Je ne souhaite plus souffrir à l'idée de faire subir à mon corps une contraception dangereuse pour ma santé.

Je souhaite pouvoir assouvir ma sexualité sereinement, paisiblement, de manière inclusive et égalitaire où ces messieurs seraient tout aussi concernés et impliqués.

Je veux que l'on se responsabilise tous, que l'on s'éduque tous. Pour que nos ébats sexuels ne deviennent que des doux moments et non plus des moments de doute.

Je ne souhaite plus souffrir seule.

- C'est quoi ton gros mot préféré ?

- Féministe.

Il est évident que l'on dérange, on dérange tellement que l'on a sacrifié tout notre patrimoine linguistique. Comment avons-nous pu passer de mots féminisés à un combat contre la règle « le masculin l'emporte » ?

Pas merci l'académie française.

Invisibilise-moi.
Rends-moi petite, insignifiante, rattachée à lui.

Invisibilise-moi.
Parle de moi seulement comme « La femme de (lui) »

Mais prends garde, chère presse, à force de vouloir m'éclipser, tu perds une grande partie de mes sœurs.

Prends garde, chère presse, car au plus tu vas vouloir me faire perdre de ma grandeur, au plus nous serons nombreuses derrière à crier notre colère.

Alors, vas-y, je t'en prie, invisibilise-moi mais surtout, chère presse, n'aie pas peur de mes sœurs, pleines de rancœur.

Les femmes ne doivent pas exercer des métiers intellectuels. Pourtant, professeure, docteure, autrice, poétesse… ces mots existent, nous permettent d'exister et nous font exister. Si entendre des termes féminisés te fait mâle c'est ton problème.

nous rendre invisible n'est pas une solution

Mes mots servent à panser mes maux. Ces maux face auxquels je ne peux rien, ces maux qui me prennent de l'intérieur, qui sont récurrents, puissants, frappants. Ces maux-là reviennent chaque mois. Et si au début j'avais les mots pour en parler, les mois ont passé, la douleur s'est installée et mon vocabulaire m'a déserté, par vagues. Des vagues de sécheresse de langage.

Alors aujourd'hui, à défaut de trouver les mots pour panser mes maux, je trouve des mots pour penser et je pense que ce n'est plus normal de laisser la moitié de la population souffrir une fois par mois. Ouvrons nos yeux et pansons ensemble pour toutes les personnes qui doivent souffrir parce qu'elles sont nées dans l'autre corps.

Tu me demandes de sourire parce que selon toi une femme qui sourit c'est plus joli. Parce que selon toi une femme, ça doit forcément sourire. Mais tu oublies l'essentiel, je ne suis pas un soleil, je ne rayonne pas tous les jours.

Je me trouve enfin belle sans toi. Ce fut long, ce fut intense, ce fut difficile mais ce fut la plus sage des décisions.

Maintenant quand tu es là, je t'apprécie à ta juste valeur.
Maintenant quand tu n'es pas là je ne me dévalorise plus.

Avec ou sans toi... *je m'aime !*
Maquillée ou au naturel... *je m'aime !*

La première chose que je faisais en rentrant, c'était **t'enlever**.

La plus belle chose que j'ai faite, ça a été de **t'enlever à jamais**.

Adieu mon ami, mes seins et moi on se porte mieux sans toi depuis que l'on fait du no-bra.

Être un garçon manqué.

Non mais quelle drôle d'expression !
Quand une femme décide de faire différemment, on l'associe directement à quelque chose de **manqué**, de **raté**.

garçon manqué
garçon raté
garçon barré
~~garçon~~

C'est quand on barre le garçon que tout prend sens. Oserions-nous parler d'un homme en disant qu'il est une fille manquée ? Non, ce serait insultant.

C'est exactement l'effet que ça me fait lorsqu'on parle d'une de mes sœurs en la décrivant comme un garçon manqué. J'ai l'impression qu'on l'insulte et je n'aime pas quand on insulte mes sœurs.

La rareté et l'originalité ça n'a rien d'insultant, alors ne te **manque** plus, sinon moi non plus je ne vais pas te **rater**, mon garçon.

J'ai peur de vieillir.
J'ai peur de vieillir et de ne plus être désirée.

J'ai peur de vieillir.
J'ai peur de vieillir, de ce corps qui va vieillir, de prendre de l'âge, des rides qui vont détériorer mon visage, de mes cheveux qui vont ternir.

J'ai peur de vieillir.
J'ai peur de vieillir parce que dans cette société, une femme qui vieillit est une femme que l'on oublie.

J'ai peur de vieillir.
J'ai peur de vieillir et de me faire quitter, trop tard, de me retrouver seule, parce qu'il en préfère une plus jeune que moi.

J'ai peur de vieillir.
J'ai peur de vieillir et de ne plus avoir le droit à une sexualité épanouissante, parce qu'au-delà de la quarantaine, le sexe devient tabou.

J'ai peur de vieillir.
J'ai peur de vieillir parce qu'on ne représente pas assez les femmes après cinquante ans, que ce soit dans les médias, au cinéma, dans la littérature, dans la culture, quand on vieillit on n'existe plus.

J'ai peur de vieillir.
J'ai peur de vieillir alors que je ne devrais pas. Au mieux je devrais avoir peur de mourir, peur de partir mais pas de vieillir. C'est un processus naturel et on passe tous par là mais une fois encore chez les femmes vieillir ce n'est pas joli, un homme devient sexy en vieillissant là où une femme devient tout au mieux une vieille femme, une femme aigrie.

Alors, oui, je le dis ici ou plutôt je l'écris : **J'ai peur de vieillir.**

On veut des corps en *désa-corps*
Des corps uniques,
Des corps authentiques.
On veut des corps en *désa-corps*
Des corps que l'on tolère,
Des corps que l'on vénère.
On veut des corps qui ne s'accordent pas avec les diktats,
des corps qui tiennent tête au patriarcat.
On veut pouvoir être en *désa-corps*.

Mon corps ne te convient plus, j'ai si souvent dû me changer.

Mon corps ne te convient plus, j'ai si souvent dû me modifier.

Mon corps ne me convient plus, il est vrai qu'il est malaimé.

Mon corps ne me convient plus, je ne suis plus celle à quoi je ressemblais.

Grains de beauté, taches de rousseur, peau lisse et sans imperfections, lèvres pulpeuses, teint hâlé, sourcils garnis et parfaitement épilés. Je ne m'aime pas sans filtre. J'ai pris l'habitude de ne me voir que sous ton prisme, que sous ton regard pour plaire aux uns, pour plaire aux autres. Pour faire comme tout le monde, pour rentrer dans un moule et pour paraître autre chose.

Très cher filtre, je ne me reconnais plus, suis-je moi sans toi ? Ou ne suis-je qu'une imposture de moi-même ?

Je tente chaque jour de me sevrer de toi mais tu es plus addictif encore que les lèvres d'un amant.

Aujourd'hui, j'ai arrêté de t'utiliser et je commence à de nouveau m'aimer sans toi, sans ton regard sur moi, ton approbation, ta validation sur moi. Je commence à retrouver confiance en moi, sans toi sur moi.

Je me sens moi.

Poils, vergetures, peau d'orange, post-partum, syndrome prémenstruel, menstruation, ménopause, cheveux blancs, peau qui pend, bourrelets, cuisses qui frottent, acné hormonale...

Prendre le temps d'écrire ces mots, sans ordre précis, sans attache particulière, juste parce que ce sont des mots, c'est presque tout aussi libérateur que la réouverture des cafés et des terrasses. Ces mots ne doivent avoir aucun jugement de valeur, ils font juste le corps des femmes et en prenant le temps de les écrire, comme ça, sans réfléchir, on les banalise.

Nous sommes des corps. Même ton corps n'est qu'un corps.

Sache que quoi que tu fasses,
Tu ne seras pas.

Pas. assez   jolie
              gentille
              mature
              dure.

Pas. assez.

       pas...

              Tu deviens assez.
              Tu deviens assez toi.
              Mais est-ce assez d'y aller pas
                                  à
                                  pas
                                  ?

Est-ce assez de se battre sans cesse pour l'égalité ?

~~Juger~~ les femmes.
Soutenir

~~Critiquer~~ les femmes.
Rassurer

~~Envier~~ les femmes.
Admirer

Le féminisme c'est nous toutes.

Te proposer « un dernier verre » chez moi ne signifie pas nécessairement que je veux coucher avec toi, car *coucher avec toi n'est pas un dû.*

Si je te dis oui et que finalement je reviens sur ma décision, tu n'as pas le droit de me forcer, de me toucher malgré tout, de te montrer insistant, de râler, car *coucher avec toi n'est pas un dû.*

Si tu décides de m'offrir le repas au restaurant, je ne suis pas ton dessert, car *coucher avec toi n'est pas un dû.*

Ma manière de m'habiller ne doit en rien te laisser sous-entendre quoi que ce soit car *coucher avec toi n'est pas un dû.*

Coucher avec toi n'est pas un dû. Coucher avec toi n'est pas un dû.

Coucher avec toi n'est pas un dû.

<u>Ok ?</u>

je t'ai délaissé
je t'ai caressé
je t'ai laissé de côté
pour mieux te retrouver.
maintenant que je t'ai apprivoisé,
je suis hypnotisée
par ton pouvoir sur moi
pas une seule fois
nous le faisons sans toi.
avec mon corps tu m'as réconciliée,
tu m'as appris à (l')aimer
tu m'as appris à vibrer
de mon corps tout entier
alors aujourd'hui
je te remercie.

Ode au clitoris

Tu n'as pas à te mêler de la vie amoureuse de deux femmes qui s'aiment.
Tu n'as pas à juger pour elles leurs capacités à élever un enfant.
Elles s'aiment. Elles te l'ont dit : c'est le plus important, *l'amour*.

Putain de **M**erde **A**lors, laisse ces **P**aires de **M**ères **A**moureuses avoir recours à la **PMA**.

Elles peuvent s'aimer ; *Liberté*
Elles peuvent enfanter ; *Égalité*
Elles peuvent et vont te le prouver ; *Sororité*

Le *corps* de la femme est magique.

Il suffit de croire en sa magie pour que comme par enchantement, le *corps* puisse faire des merveilles, comme allaiter un enfant que le *corps* n'a pas porté.

Vivre un rêve lacté à deux pour une nuit
(ou mille et une nuits).

Par sororité, par féminité, par nécessité : le *corps* crée cet or blanc nourricier.

Il le crée même s'il ne l'a jamais fait, sans hésiter, sans tâtonner.

Il le fait pour aider
(ou pour aimer).

Le *corps* de la femme est magique.

Il
n'y
a
que
l'homme
pour
en
douter.

allaitement induit

Nous sommes la génération des biberonnées au prince charmant.
Alors forcément quant à trente ans on se rend compte que le prince n'est pas si charmant c'est beaucoup moins marrant.
Bien souvent, le prince n'a pas de cheval blanc.
Il se peut qu'il soit décevant,
pire encore, qu'il se révèle être un poil pédant,
un poids pesant.
Eh oui, le prince n'est pas si charmant les trois quarts du temps.
Et nous, la génération des biberonnées au prince charmant,
on tombe de très haut à l'idée de ne pas trouver cet amour passionnant, envoûtant.

Mais, pas de panique, si prince il n'y a pas au tournant,
peut-être que princesse quelque part nous attend.

Puis un jour tu t'aperçois que toutes nos actions, tous nos fonctionnements, toutes nos façons de faire, de penser et d'être sont un *héritage*. L'*héritage* de toutes ces femmes qui étaient là bien avant.

Un *héritage* culturel qui symbolise la femme-sorcière.

Un *héritage* politique qui symbolise des droits.

Un *héritage* ancestral qui symbolise la femme-sauvage.

Puis un autre jour, tu t'aperçois que cet *héritage* se transmet dès ta naissance et que tôt ou tard ce sera toi l'héritage de demain. Tu te rends à l'évidence : toutes tes actions, fonctionnements, façons de faire, de penser et d'être, peuvent renverser le monde, bouleverser les codes et donner aux femmes de demain un monde bien meilleur que celui que tes ancêtres t'ont laissé à toi.

Tout n'est qu'une boucle, on te transmet pour que tu puisses transmettre à ton tour.

Aujourd'hui être une femme me rend *fière*.
Parce que je sais que je peux compter sur elles.
Elles seront toujours là.

Pour me croire, pour te croire, pour nous **croire**.

Pour me soutenir, te soutenir, pour nous **soutenir**.

Pour m'aider, pour t'aider, pour nous **aider**.

Pour m'aimer, t'aimer, pour nous **aimer**.

Les femmes d'aujourd'hui sont unies, solidaires. Elles se battent pour les femmes.
Aujourd'hui être une femme me rend *fière*, *fière* d'elles.

Le respect est une vertu que tu es prié de respecter vois-tu.

Femmes violées, forcées, excisées, tapées, agressées, torturées, menacées, séquestrées, tuées. Simplement parce qu'elles sont nées *femmes*.

C'en est assez ! Ne vous taisez plus !

Vous êtes entendues, vous êtes écoutées. Aujourd'hui, nous continuons toutes le même combat par sororité.

Comment composer et comment combattre ?
Quand on doit se battre, à moitié décomposée, contre des cons posés ?

Jeune fille, si ta famille trouve que tu es la faille. *Fuit !*
Enfuis-toi comme une fugitive. *Fuit !*
Tu n'as rien à prouver, tu n'es pas la fautive. *Fuit !*

Ici tu deviendras une femme forte.
Ici tu deviendras l'une des nôtres.
Ici tu n'auras plus besoin de fuir, de trouver la faille, ici nous deviendrons ta famille.

Le fléau
de nos peurs
me met à
fleur de peau

C'est le soir que les larmes s'offrent à moi.

Je pleure des
fleurs.
Un bouquet
de larmes.
Mille
couleurs de
nostalgie.

Et donc finalement nos corps
Ne nous appartiennent pas… <u>encore</u>.
Le cycle infernal se répète.
On veut rendre mes sœurs muettes.
On leur retire des droits,
Une nouvelle fois.

L'histoire nous a bien fait comprendre,
Qu'il faudra toujours nous défendre.
Mettre un point d'honneur,
A se serrer les coudes entre sœurs.

Nos corps, nos choix, nos droits.
Sauf quand des hommes à la tête des lois,
Décident de tout,
Pour nous.

J'en ai la rage au ventre, j'en ai envie de vomir.
Parce que de nouvelles femmes vont mourir,
Pour avoir osé choisir une vie sans maternité.
Est-ce si répréhensible de ne pas la désirer ?
Vraiment vous me dégoûtez !

Qui que vous soyez,
Où que vous soyez,
J'espère du plus profond de mon cœur,
Que vous savez,
Que vous êtes des tueurs.

Entends-tu les pleurs de mes sœurs ?

Si tu y fais plus attention tu entendras leurs larmes qui résonnent sous l'eau.

Elles font des ricochets de gouttes salées et des ondulations de désillusions.

Dans les fonds marins, leurs larmes se répandent dans un torrent de lassitude et deviennent **les abysses de la colère**.

Quand les ressources de la planète s'épuisent,
C'est mon corps qui s'amenuise.
Quand le cri de mes sœurs est tu,
C'est mon âme toute entière qui est déçue.
Quand ce sont encore les mêmes qui nous gouvernent,
C'est mon cœur qui ressent la haine.
Quand les animaux meurent à cause de la chaleur,
C'est mon esprit tout entier qui a peur.
Quand des enfants sont maltraités,
C'est mon devoir de ne pas le supporter.

Sombre monde, noirceur de mon cœur.

J'ai le corps abimé,
l'esprit fragilisé,
je suis épuisée,
de trop aimer,
de trop m'engager.
Désorientée de ne plus savoir comment nous sauver.

Sombre monde, noirceur de mon cœur.

Alors chaque soir je tente de garder espoir,
mais une fois minuit passée, je ne suis plus qu'un corps de fumée noir.
Un esprit qui pense trop par peur de décevoir.

Sombre monde, noirceur de mon cœur.

Bien sûr je continue d'y croire,
mais ce soir,
mon esprit a besoin d'une pause dans le noir.
Rideau sur mes réflexions noires,
        du noir sur du blanc,
                déposées ici-bas,

            b

        o   **n**

        s   **o**

          i   **r.**

- Pourquoi pleures-tu ? Dis-moi que tu pleures d'amour.

- Je pleure d'espoir.

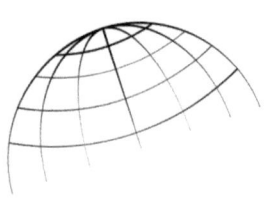

Les gens comme moi ne suffisent pas pour changer le monde. Il faut plus *de gens comme toi* pour nous faire entrer dans la ronde

Prends ma main et serre la fort.
Aussi fort que ce que tu as pu souffrir d'être née femme.

**PLUS FORT
ENCORE
PLUS
FORT**

Laisse-moi partager quelques secondes ta souffrance.

Je rêve d'un monde,
moins matérialiste,
plus engagé,
plus féministe,
moins égocentré.

Je rêve d'un monde,
où ma fille pourra sortir
dans la rue le soir
sans jamais devoir
penser au pire.

Je rêve d'un monde,
où prendre la décision
de faire subir une excision à une de mes sœurs
résultera d'une condamnation.
Nous vaincrons la terreur.

Je rêve d'un monde,
où à travail similaire,
hommes et femmes,
auraient le même salaire
sans que ce ne soit un drame.

Je rêve d'un monde,
où les bleus sur le corps de mes sœurs,
seraient seulement dû à un atelier de peinture,
réalisé avec le tripe, le corps et le cœur.

Je rêve d'un monde à la hauteur,
où moi et mes sœurs
pourrions vivre sans peur.

Je rêve d'un monde juste et tolérant.
Je rêve d'un monde inclusif et bienveillant.
Je rêve d'un monde,
simplement, plein de bonnes ondes.

Et *elles chantèrent* dans les rues pour clamer leur droits haut et fort.

Elles chantèrent pour faire entendre leurs voix par-delà les frontières, encore.

Elles chantèrent au-dehors pour conjurer le sort.

Le *silence* est le préquel de la tempête.

Alors nous crions toutes pour briser le *silence*.

Le *silence* insistant qui se fond sous la
tempête de nos
voix.

Il y aura
toujours ces
~~mots~~

maux
Qui font
que je ne
vis qu'en
poésie

Je ne veux plus avoir peur des
>					trottoirs,
>					du noir,
>					du soir,
>					*espoir*.

Rien ne sert de courir
Il faut partir à ~~point~~
poing

Le combat s'arrêtera quand tout sera <u>égalité.</u>

Les roses piquent.
Le patriarcat tue.

Mieux vaut donc s'entourer de fleurs.
De **plus de fleurs que de mâles**.

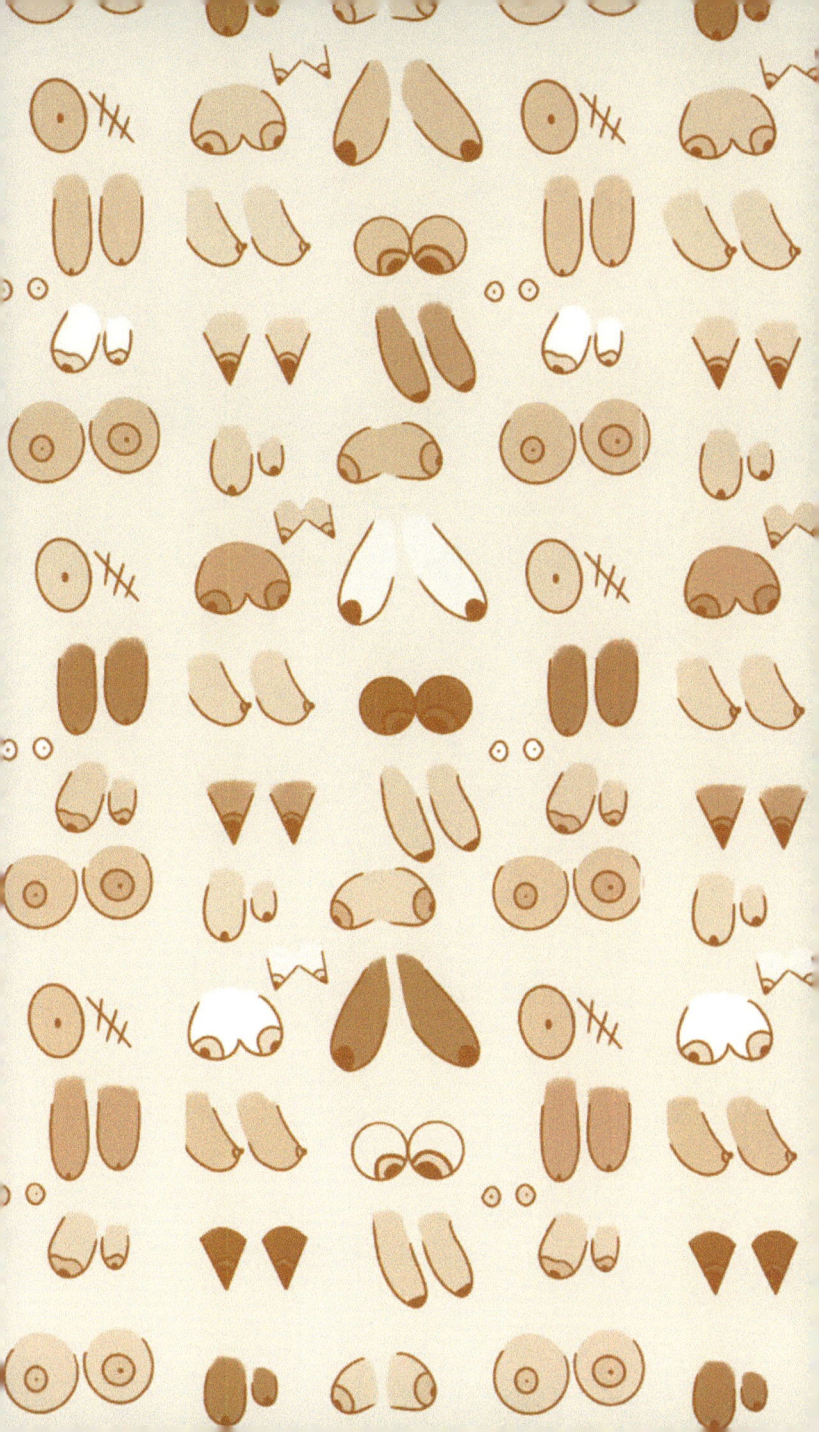

Je remercie toutes les femmes de ma vie sans les-quelles je ne serais rien aujourd'hui, d'une manière ou d'une autre elles ont contribué à faire de moi la personne que je suis devenue aujourd'hui et pour ça : merci.

Je remercie ma fille E. d'être venue s'implanter en moi l'année où j'ai décidé de réécrire ces mots, comme pour me crier de l'intérieur que j'étais sur la bonne voie, que je devais le faire, au moins pour elle.

Je remercie la caféine et les insomnies à répétition de m'avoir octroyé du temps pour ce projet un peu fou.

Je te remercie toi de m'avoir lue, d'avoir laissé une chance à ce livre de se frayer une petite place dans ta vie et dans ton cœur, de le laisser vivre parmi les autres livres de tes étagères.

Je remercie toute la chaine du livre pour son travail remarquable : éditeurs, distributeurs, libraires, bibliothécaires, blogueurs, auteurs, salons... vous êtes tous des pièces importantes du puzzle et la vie serait bien triste sans vous.

Sabine. Margot. Lucienne. Vous êtes les femmes de ma vie et vous savez déjà tout.

Je remercie Yanis pour à peu près tout. Et je tenais aussi à remercier un autre homme, mon père, qui m'a inculqué depuis mon plus jeune âge que je pouvais être footballeuse ou mécanicienne sans distinction, et que mon sexe ne me rendait pas moins importante à ses yeux.

Ce livre a été imprimé en Allemagne.
Dépôt légal : Octobre 2022